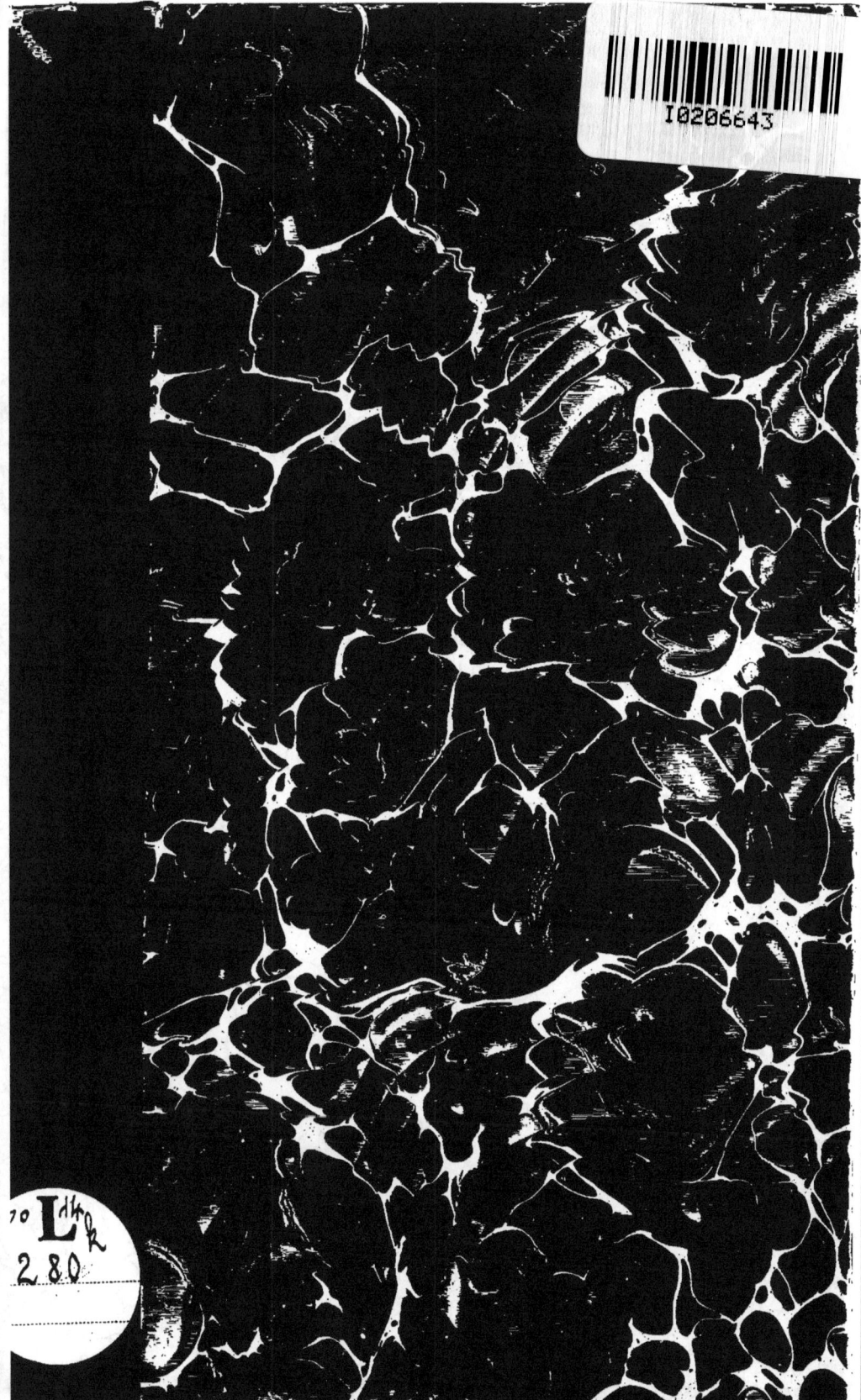

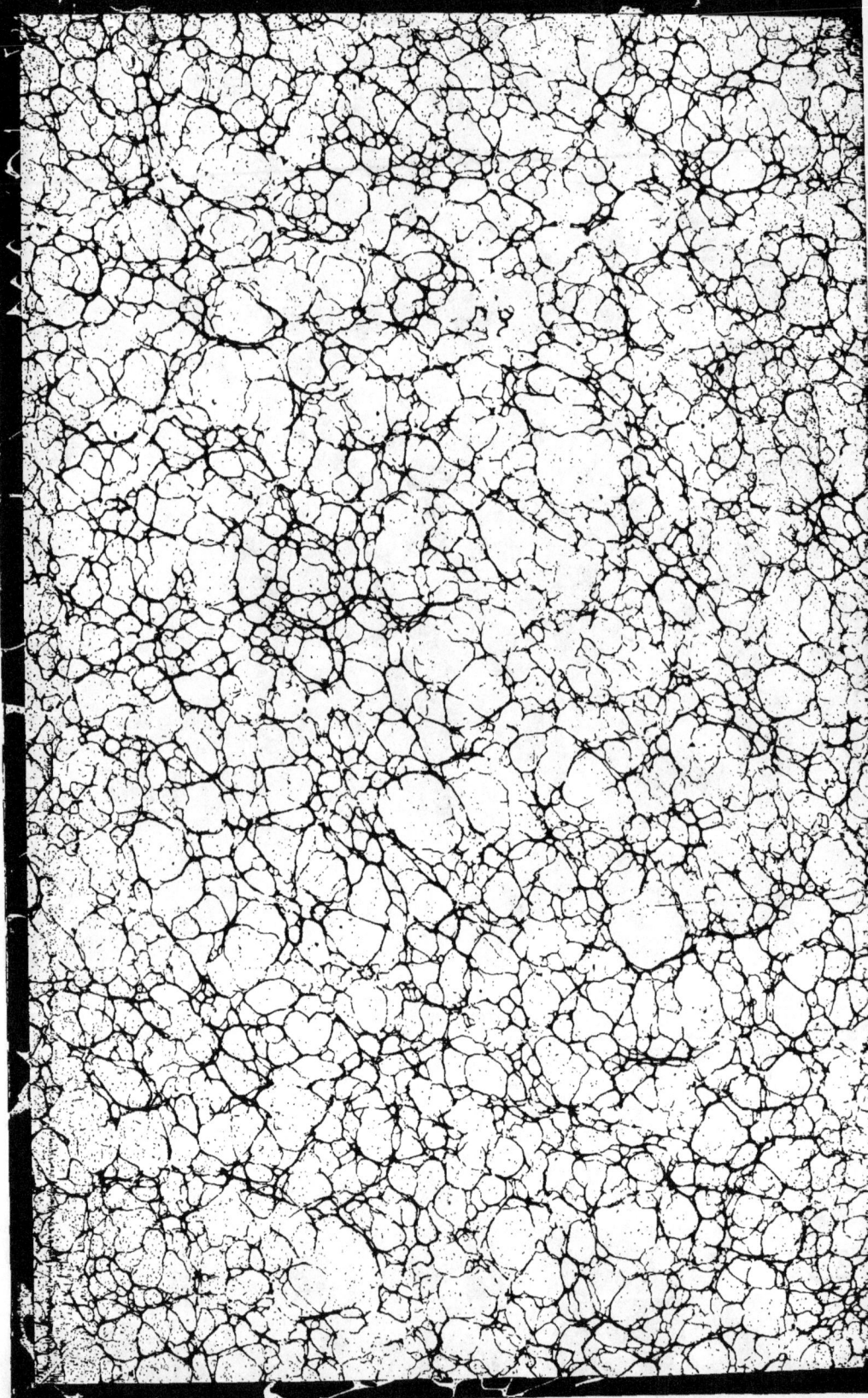

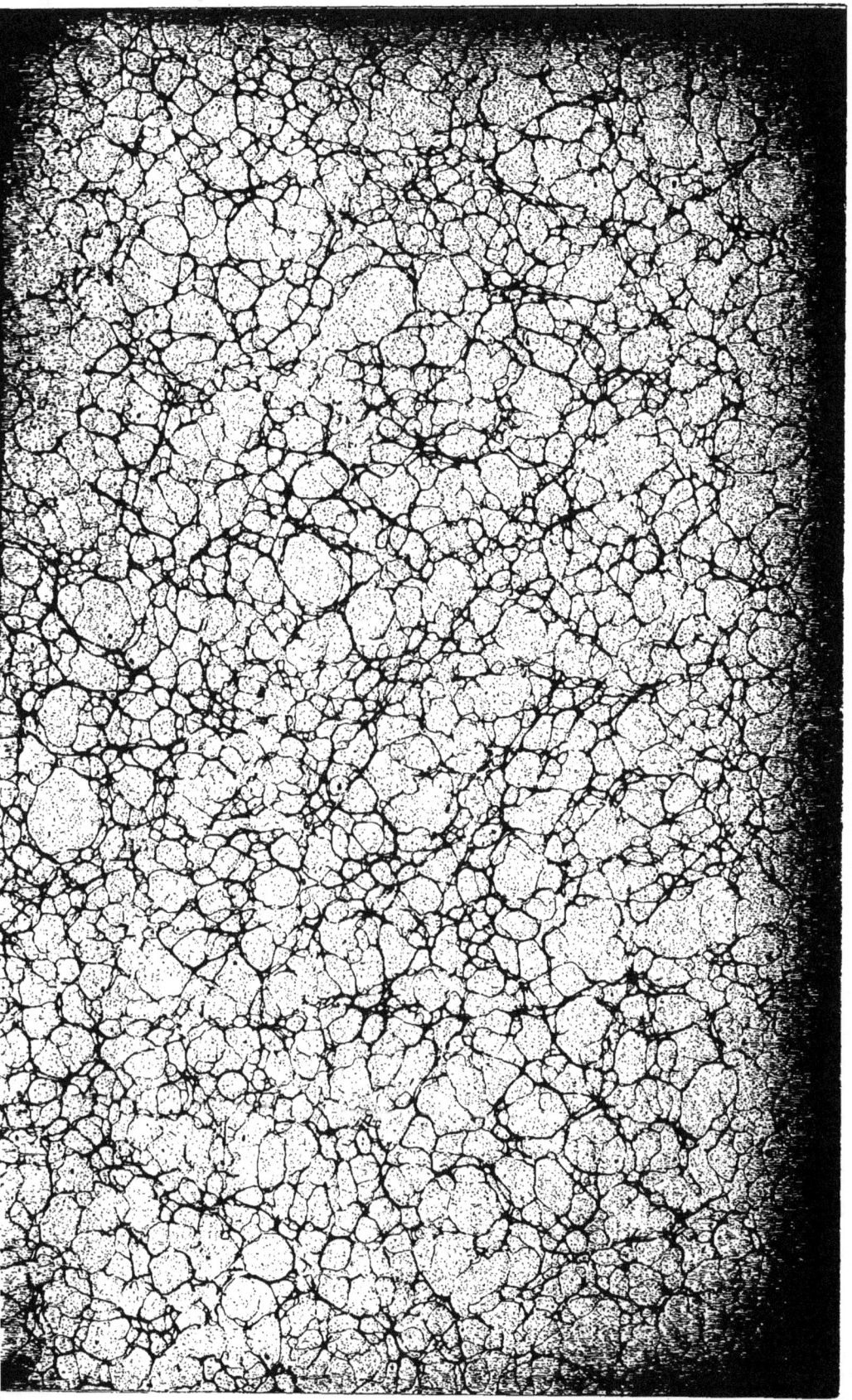

NOTES ET DOCUMENTS

LES ÉTATS DE VIVARAIS

AU XVIᵉ SIÈCLE

PAR

Auguste LE SOURD

VIVARAIS ANCIEN

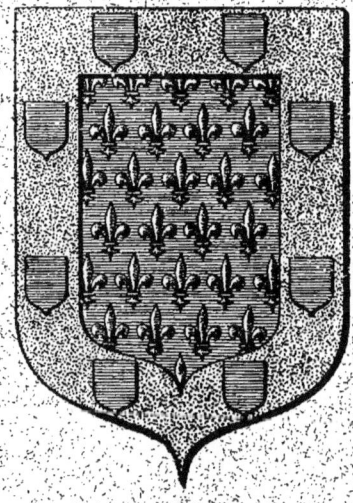

PRIVAS
IMPRIMERIE CENTRALE DE L'ARDÈCHE

1901

Extrait de la Revue du Vivarais
du 15 février 1901.

Tiré à dix exemplaires
N° 3

NOTES ET DOCUMENTS

LES ETATS DE VIVARAIS

AU XVIe SIÈCLE

PAR

Auguste LE SOURD

VIVARAIS ANCIEN

PRIVAS
IMPRIMERIE CENTRALE DE L'ARDÈCHE
1901

NOTES ET DOCUMENTS

LES ETATS DE VIVARAIS AU XVIᵉ SIÈCLE

Si les Etats de Vivarais furent réunis dès le xivᵉ siècle (1), on ne peut guère les étudier avant le xviᵉ siècle, car les documents antérieurs font défaut (2).

Vers 1560 commencèrent les guerres civiles qui dévastèrent le pays pendant plus de cinquante années ; elles amenèrent dans l'organisation des Etats de fréquentes modifications, et, pour se rendre compte du fonctionnement normal de cette institution, il faut se reporter à l'époque précédente.

Nous avons été amené, au cours de nos études, à consulter la belle série de procès-verbaux des Etats de Vivarais, et nous avons rencontré le document ci-dessous, qui figure au procès-verbal de la session de 1548 (3). C'est un « acte d'attestation » rédigé par le greffier des Etats à l'occasion d'un différend entre le Vivarais et le Velay. On y trouvera, brièvement exposée par un contemporain, l'organisation des Etats de Vivarais au xviᵉ siècle.

« Je Jehan Broé (4), notaire royal et greffier des Estaz particuliers de Viveroys, à tous [ceux] qui ces présentes verront soit notoire et certiffié estre vray que aux assemblées qu'on faict

---

(1) Histoire de Languedoc, éd. Privat. IX, 897. — Tablettes historiques du Velay.

(2) Voyez cependant pour le xvᵉ siècle : Archives de l'Ardèche, C. 699, C. 187, C. 523, C. 524, C. 727. — Archives de l'Hérault, registres de la Sénéchaussée de Nîmes, IX, fᵒ 101, X. fᵒ 31. — Archives de la ville de Tournon, etc. — Histoire de Languedoc, éd. Privat. IX, 1079, etc.

(3) Archives de l'Ardèche, C. 331, fᵒ 72. Cet acte est extrait des pièces justificatives de notre thèse sur *Les Etats de Vivarais de leurs origines à la fin du XVIᵉ siècle*, soutenue à l'Ecole des Chartes en 1899.

(4) Jean Broé, de Tournon, fut greffier pendant plus de vingt ans ; il avait épousé une Villars, sœur de l'archevêque de Vienne ; il eut pour successeur son gendre Jean des Serres, qui fut père et beau-père de trois greffiers : Jean et Charles des Serres et Etienne Le Maistre. Bon Broé, président de la Chambre des enquêtes au Parlement de Paris, était fils de Jean Broé.

chescune année pour la cottisation et despartement des deniers royaulx acoustuméz mectre sus sur les diocésains et habitans du dict pays de Viveroys, après que les Estaz généraulx de Languedoc sont tenuz, conclutz et arrestéz en quelque bonne ville du dict Languedoc, telle qu'il plaict au Roy notre sire nommer et destiner,

l'ung des dix barons et seigneurs du dict Viveroys qui se treuve avoir le tour (1) pour le dict Viveroys, faict assembler dans l'une des villes du dict Viveroys, telle qu'il veult (2), et convocquer, comme président des dicts Estaz particuliers durant son année, les baillifz, chastellains et consulz (3) des villes, juridictions et

(1) Le « tour » des barons est peut-être la particularité la plus intéressante de l'organisation des Etats de Vivarais. C'est la représentation périodique aux Etats de Languedoc des barons de Vivarais par l'un d'entre eux. Il faut probablement fixer l'origine du tour, avec Dom Vaissette, à la fin du xv⁰ siècle. M. Dognon, dans son bel ouvrage sur les *Institutions de Languedoc*, fait remonter le tour à 1435 ; mais les documents qu'il cite ne paraissent pas probants et démontreraient plutôt l'ancienneté du Syndic de Vivarais. Le baron de Vivarais commençait son tour en entrant aux Etats généraux de Languedoc et ne le terminait que lors de l'ouverture des Etats généraux suivants. La pièce que nous publions indique suffisamment l'importance de son rôle; ajoutons seulement qu'il recevait une gratification de 400 livres tournois, que certains barons firent réduire ou même supprimer pour soulager le peuple du Vivarais. Il n'y eut pendant tout le seizième siècle que dix barons de tour. A dater de 1548 les dix barons, présidents des Etats, furent : 1° pour la baronnie d'Annonay (1548), le Roi de France, successeur du connétable de Bourbon, qui désigna pour présider Cybeu de Brenyeu, écuyer ; 2° pour la baronnie de Brion (1549), Jean Damas, comtour et baron du Cheylard et de Brion ; 3° pour la baronnie de Crussol (1550), Antoine, baron de Crussol ; 4° pour la baronnie de Montlor (1551), Jacques de Modènes, baron de Montlor ; 5° pour la baronnie de la Voulte (1552), Gilbert, comte de Ventadour, baron de la Voulte et Rochemaure ; 6° pour la baronnie de Tournon (1553), Just de Tournon, seigneur de Roussillon, sénéchal d'Auvergne et bailly de Vivarais ; 7° pour l'évêque et baron de Viviers (1554), Jean de Tulhes, docteur ès droits, de la ville d'Avignon, subrogé par les séquestres chargés d'administrer l'évêché de Viviers, alors vacant ; 8° pour la baronnie de Boulogne (1555), Louis de Lestrange, vicomte de Cheylane et baron de Boulogne ; 9° pour la baronnie de Joyeuse (1556), le même, subrogé du vicomte et baron de Joyeuse ; et 10° pour la baronnie de Privas (1557), noble François de Chambaud, subrogé de Diane de Poitiers, duchesse de Valentinois, dame de Saint-Vallier, Chalancon et Privas. Les seigneurs de La Gorce, de Pradelles, et d'Aps qui avaient le droit d'entrée aux Etats, ne jouissaient pas du tour.

(2) Les barons de tour ne convoquaient que rarement les Etats hors de leur baronnie, ce qui, malgré le petit nombre des appelés, eût causé un sensible préjudice au commerce local. Je n'ai relevé que six exceptions à cette règle pendant tout le xvi⁰ siècle.

(3) Les baillis étaient des officiers, héréditaires pour la plupart, chargés de représenter aux Etats les barons qui n'étaient pas en tour. Ils recevaient, en principe, une indemnité de huit livres tournois. En cas d'empêchement, ils nommaient eux-mêmes le lieutenant chargé de les remplacer. Les châtelains étaient assimilés, quant au traitement, aux consuls. Le tiers état était représenté par des envoyés des villes qui portaient presque tous le titre de consul. Les villes

mandementz qui de toute ancyenneté ont acoustumé d'y venir,

et les faict mander par moy dict greffier soy y trouver au jour qu'il luy semble, à quoy chescun obéyt, et y viennent eulx-mesmes en personne, ou envoyent lieutenent capable s'ilz ont excusation ou absence légitime,

et quant sont assembléz, chescun est assiz par ordre en sa place selon son rang acoustumé,

et quant advient qu'il faut oppiner, tant pour les afferes du dict seigneur Roy que pour aultres negoces du dict diocèse, le dict seigneur baron, lorz président, demande les voix et oppinions à chescun des assistans, par ordre, et sont appelléz par moy dict greffier, puys treize ans en ça que suys esté greffier des dicts Estatz particuliers, et auparadvant ay veu et leu semblable ordre et assistance aux livres du précédent greffier feu Me Estienne de Leyris (1), mon prédécesseur au dict greffe avoir esté appelléz les assistans, et oppyné par ordre tel que s'ensuit :

et premièrement le bailly de la cité de Viviers,
le consul d'illec,
le bailly d'Annonay,
le consul d'illec,
le bailly de Montlor,
le régent d'Aulbenas,
le bailly de Tournon,
le consul d'illec,
le bailly de Privas,
le consul d'illec,
le bailly de Joyeuse,

qui députaient aux Etats étaient, au xvie siècle : Viviers, Annonay, Tournon, Aubenas, Privas, Joyeuse, Rochemaure, Largentière, Pradelles, le Bourg-St-Andéol, le Cheylard, Chalancon et Saint-Agrève.
Le clergé était-il représenté aux Etats de Vivarais ? C'est une question importante et délicate qui mériterait d'être exposée longuement. On peut se contenter de dire qu'en théorie (et en pratique encore à l'époque qui nous occupe) il n'y avait pas de représentants du clergé aux Etats de Vivarais, et que cette assemblée offrait alors la particularité peut-être unique de ne grouper que deux ordres.

(1) Etienne de Leyris fut greffier depuis 1505. Son fils Olivier fut syndic de Vivarais de 1569 à 1581.

le consul de Joyeuse,
le bailly de la Voulte,
le consul de Rochemaure,
le bailly de Crussol,
le bailly de Largentière,
le consul d'illéc,
le consul du Bourg-Saint-Andéol,
le chastellain de Boloigne,
le bayle de Pradelles,
le consul d'illec,
le bayli de Bryon,
le consul du Cheylar,
le consul de Chalancon,
le chastellain d'Aps,
le bayle de la Gorce,
le consul de Saint-Agrève,
qui sont en tout vingt sept personnaiges oppinans,

et le susdict seigneur baron qui préside demande les voix par l'ordre que dessus, lesquelles sont rédigées par escript par moy dict greffier, ou par mon substitué, moy absent,

et, après les dictes oppinions veues et entenduez par le dict seigneur baron et président, il conclut et arreste selon la plus grande et sayne partie des dictes oppinions,

lesquelles conclusions et arrestz Me Guilhaume de la Mote (1) procureur et sindic du dict Viveroys, ou, luy absent, son substitué, faict mectre à exéqution les dictes conclusions et arrestz, ou luy mesmes y vacque selon leur forme et teneur, et tout ainsy qu'il luy est ordonné par le dict seigneur baron et commandé,

et par ainsi sont ordinairement tout comprins trente personnes aux assemblées et congrégations générales qu'on faict aux affaires

---

(1) Guilhaume de la Motte joua un rôle très important dans notre pays lors des guerres civiles du xvie siècle. Il n'est point un inconnu pour les lecteurs de la *Revue*. M. de Lubac, dans un très intéressant article, a publié la plus grande partie de son livre de raison. (*Revue du Vivarais*, juin et juillet 1897). Guillaume de la Motte appartenait à une branche de la famille de Chalendar. Fils d'un syndic de Vivarais, il fut lui-même syndic du diocèse de 1544 à 1565 avant d'être l'un des syndics généraux de Languedoc.

des deniers du Roy, garnysons et passaiges des gens d'armes, réparations des villes, poursuyte des procès, et aultres afferes survenans aus dicts Estaz particuliers de Viveroys durant l'année, comme par le dict seigneur Roy et ses commissaires et gouverneurs du pays ou leurs lieuxtenents est mandé fere.

En tesmoing de quoy, moy dict notaire et greffier me suys ici soubz escript et signé de ma propre main, et expédié le présent acte à la requeste du sus dict procureur et sindic de Viveroys pour plus grande foy et fermeté des choses susdictes.

Broé, greffier.

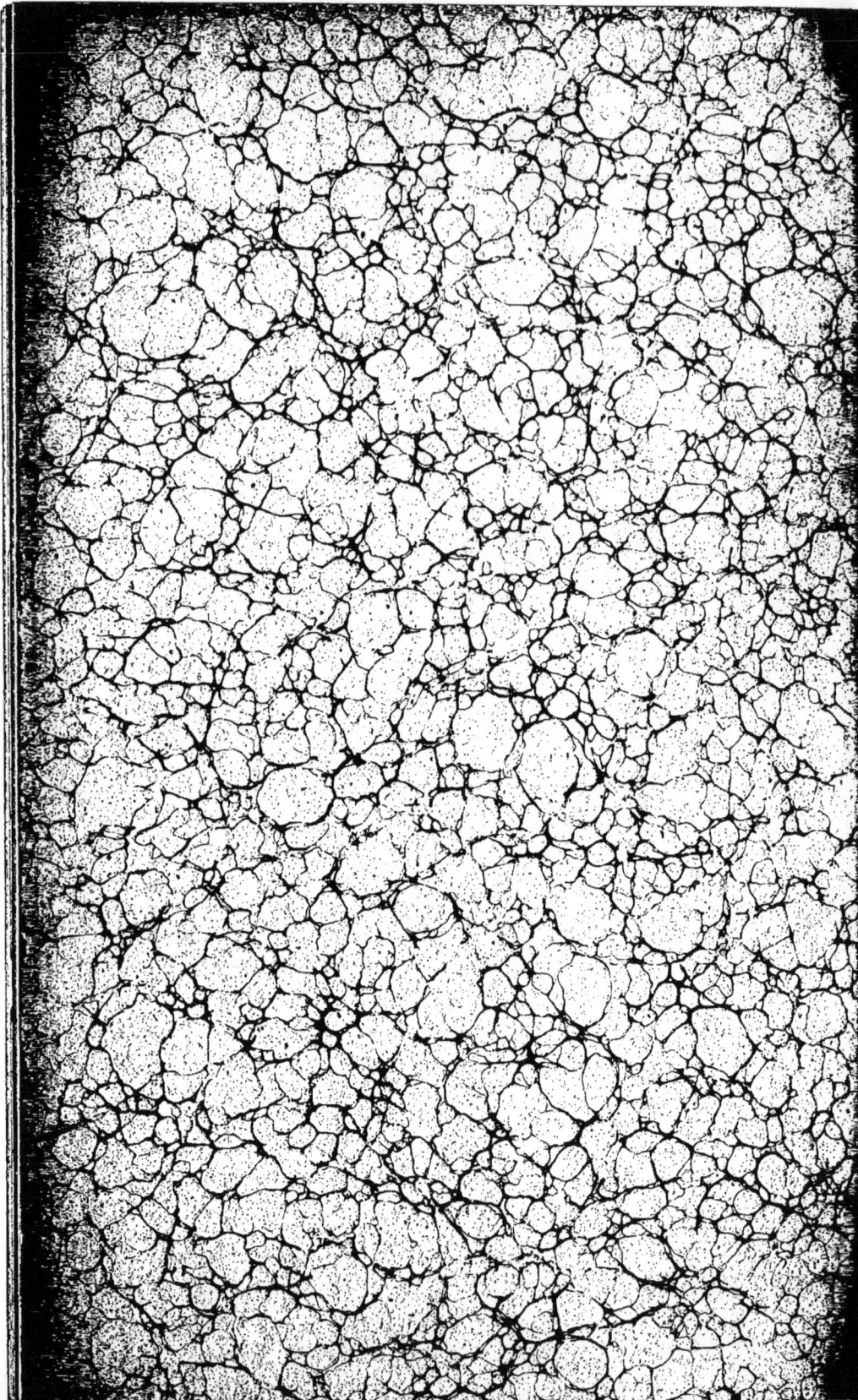

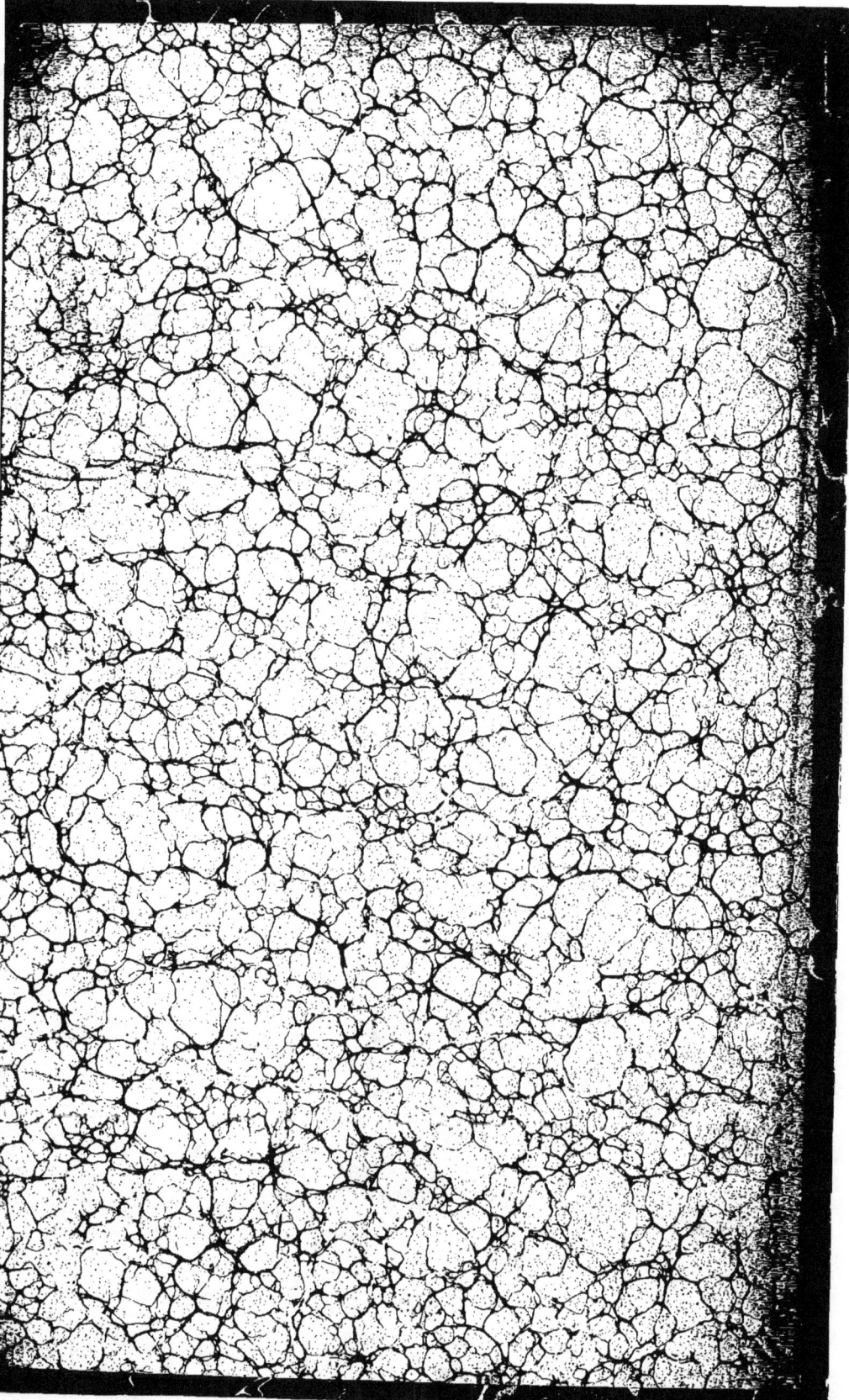

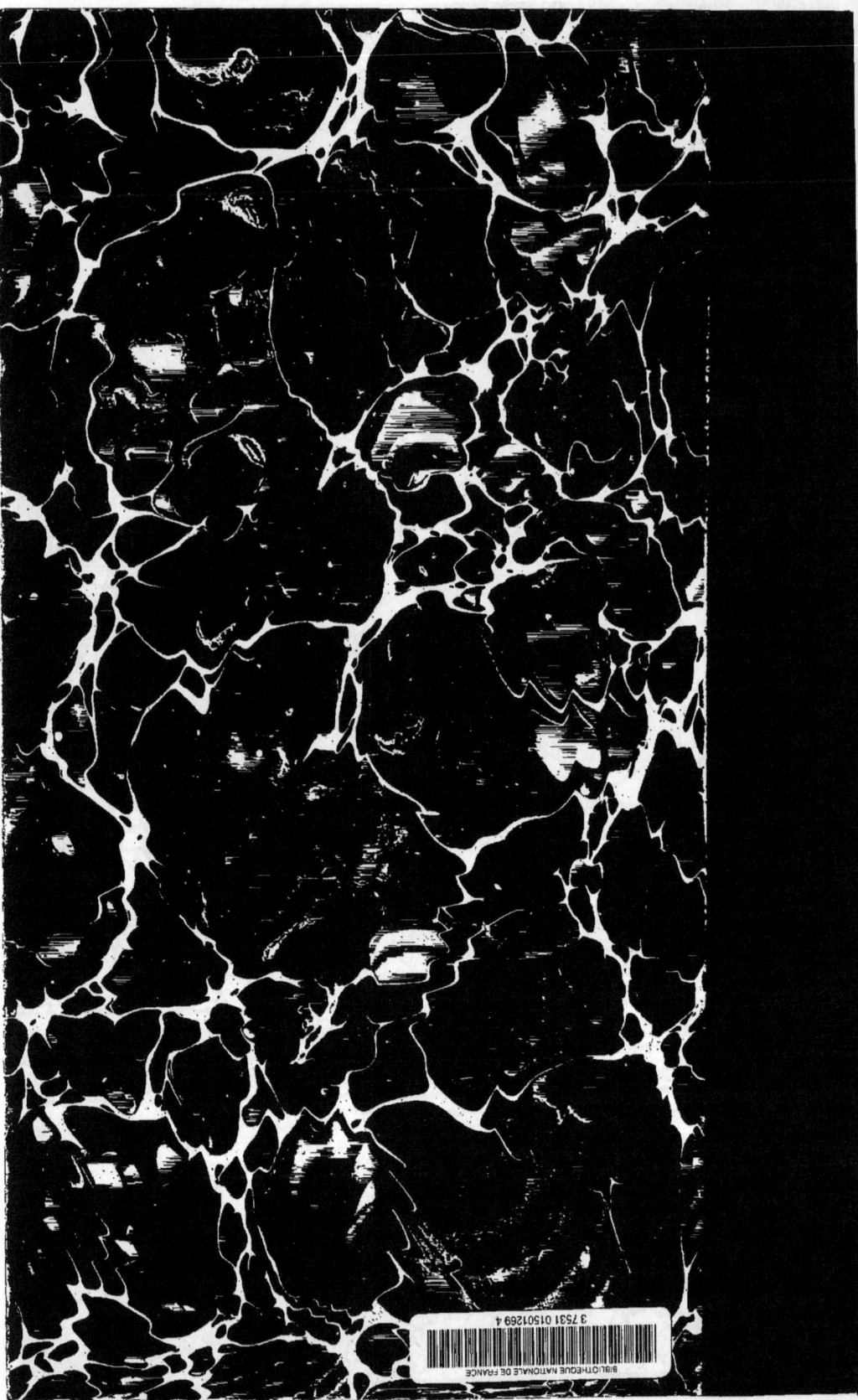

www.ingramcontent.com/pod-product-compliance
Lightning Source LLC
Chambersburg PA
CBHW070705050426
42451CB00008B/501